O
mundo
mudou...
bem
na
minha
vez!

O mundo mudou... bem na minha vez!

Dado Schneider

Copyright © 2013 Dado Schneider
Copyright © 2013 Integrare Editora e Livraria Ltda.

Publisher
Luciana M. Tiba

Editor
André L. M. Tiba

Coordenação, arte e produção editorial
Crayon Editorial

Capa
Alberto Mateus

Ilustrações
Francisco Juska Filho

Dados Internacionais de Catalogação na Publicação (CIP)
(Câmara Brasileira do Livro, SP, Brasil)

Schneider, Dado
O mundo mudou — bem na minha vez ! / Dado Schneider. — São Paulo : Integrare Editora, 2013.

Bibliografia
ISBN 978-85-8211-051-5

1. Carreira profissional — Desenvolvimento 2. Conduta de vida 3. Educação continuada 4. Empreendedorismo 5. Desenvolvimento pessoal 6. Desenvolvimento profissional 7. Comunicação — Inovações tecnológicas 8. Marketing 9. Motivação 10. Sucesso nos negócios I. Título.

13-12169   CDD-658.421

Índices para catálogo sistemático:
1. Empreendedorismo : Desenvolvimento pessoas
e profissional : Administração 658.421

Todos os direitos reservados à INTEGRARE EDITORA E LIVRARIA LTDA.
Av. Nove de Julho, 5.519, conj. 22
CEP 01407-200 - São Paulo - SP - Brasil
Tel. (55) (11) 3562-8590
Visite nosso site: www.integrareeditora.com.br

Agradecimentos

AGRADEÇO A SETE pessoas em primeiro plano: minha mulher, Marcia (que me deu dois filhos e um norte); meus pais, Vera e Juca (que me deram valores); Antônio Marcus Paim (que foi meu "mestre Yoda"); Nizan Guanaes (meu "Pós-Doc" em Comunicação, Marketing e Vendas); Duda Mendonça (melhor chefe que já tive, com quem aprendi como tocar a alma das pessoas) e Beto Callage (meu "irmão mais velho", que me ensinou a ser equilibrado sem perder a força criativa).

Em relação a este livro, agradeço a toda equipe da Integrare Editora (que teve paciência de esperar quatro anos até que eu finalmente o escrevesse); ao meu taquígrafo, Eduardo Trevisan (que me alertou que meu bordão "bem na minha vez" é que deveria ser o título do livro); a Renata Araújo, da N Produções (que me pediu um artigo e eu escrevi na forma de posts sequenciados — o que gerou o estilo deste livro); a Sandra Paschoal, minha empresária (que me ajudou a "trocar de degrau" profissional como palestrante); aos queridos Mario Sergio Cortella, Martha Gabriel, Clóvis Tramontina, Rony Rodrigues e Luca Cavalcanti, que emprestaram seus nomes para me referendar neste livro; e, também, a todos os meus alunos e amigos que, à sua maneira, me cobrando ou me incentivando, fizeram com que eu *finalmente* escrevesse o primeiro de uma série de livros que — a partir de agora — haverão de ser escritos em caráter quase industrial de minha parte, pois peguei o gosto pela coisa. ☺

O mini do máxi!
Mario Sergio Cortella

DADO SCHNEIDER É agradavelmente hiperbólico, afetivamente exagerado; o é no abraço do encontro, na expansividade da comunicação, na picardia das ideias, na provocação da ironia reflexiva.

Decidiu, para nosso gáudio, registrar em livro uma parte desse exagero que transborda no cotidiano e (surpresa!) chamou cada capítulo de minicapítulo. Até para ser mini o Dado fica exagerado; se fosse um dos seus muitos chistes, poderíamos dizer que tem "o menor complexo de inferioridade do mundo", e ele, como faz com inteligência, riria de si mesmo e ainda incorporaria isso em nova palestra.

Quem diria? O máxi vai ao mini? Mais uma boa brincadeira dele essa; são divisões do livro apelidadas de minis na dimensão, sem o serem na intensidade do conteúdo e das instigações.

Como Dado, o livro não é tão convencional; usa o paradigma das redes sociais, com seus posts e mensagens sintéticas, para nos induzir ao acerto do que tem de ser analiticamente pensado: mudanças velozes, decisões apressadas, chefias delirantes, lideranças eficazes, comunicações fragmentadas, compreensões ampliadas, embate intergeracional, conflito colaborativo.

Vai desde um "Manifesto pela Digiriatria" até a defesa de uma "Liderança por Adesão"; nos alerta sobre os "zumbis corporativos" e nos anima com o lugar do "bonito" na carreira; nos perturba com a importância de, vez ou outra, assistirmos algumas palestras (que faz) e que são "desmotivacionais".

Quer ver, coletando e repetindo alguns dos posts deste livro, como fica grande o que aparentemente é reduzido? Frases como essas, recolhidas ao longo dos "minicapítulos" nos retiram de certas obviedades exatamente porque inserem nuances no que pareceria óbvio. Veja:

"Pela primeira vez na história da humanidade, há um volume brutal de conhecimento que passou a ser repassado da geração mais nova para a mais velha".

"Hoje, ao negar a existência de coisas simples do mundo digital, um profissional maduro está decretando sua 'concordata profissional'".

"Quando me dizem 'está tocando Bee Gees, do nosso tempo', lhes digo que isso não é música 'do nosso tempo', mas sim do nosso passado".

"Só atrai a atenção o que é Relevante. Só o que interessa é Relevante. E só o que é Relevante é que interessa. Comunicação é sinônimo de Relevância".

"Na raiz das motivações humanas estão nossos comportamentos básicos: medo, raiva, alegria, tristeza, afeto. Saber como e quando ativá-los é ouro".

Appario Fernando de Brinkerhoff Torelly, gaúcho (como Dado Schneider), nascido em Rio Grande no final do século retrasado, grande frasista, gostava de ser minimamente chamado de Aporelly; homem comunicacional, atribui-se o fingido título de Barão de Itararé e, em 1985, quatorze anos após sua morte, foi publicado um livro com uma seleção de algumas das percucientes sentenças que escrevera em jornais, com o título Máximas e Mínimas do Barão de Itararé.

Uma dessas máximas poderia ter sido escrita pelo Dado em seus minicapítulos: tudo seria fácil se não fossem as dificuldades.

Mas, ele acrescentaria: bem na minha vez!

Introdução

OLÁ! PARA COMEÇAR, muito obrigado por ter adquirido este livro. Se você deu uma folheada antes de comprá-lo, deve ter percebido que ele tem uma estrutura não muito convencional. Ele é todo escrito em *posts* curtos e cada um tem vida isolada — mas que, se colocados em sequência, transformam-se num pequeno minicapítulo.

Para quem não me conhece, nos últimos cinco anos ganho a vida palestrando, depois de 25 anos como executivo de Comunicação e Marketing, seguidos de cinco anos como consultor. E estou atrasado faz uns cinco anos, pois este livro é uma tentativa aproximada de deixar registrado o que venho produzindo e entendendo há 35 anos.

Tenho uma atuação forte e diária em Redes Sociais, principalmente no Twitter, onde escrevo naturalmente, sem estranhar o tamanho-limite das mensagens, pois eu sempre fui sintético e adepto a analogias e metáforas em aulas e em artigos. Mas resisti muito a escrever este livro porque, para mim, sempre pareceu ser muito difícil transferir para o papel toda a carga de emoção que consigo passar no palco, durante minhas palestras.

O livro inteiro é uma tentativa de trazer o maior número possível de pessoas para o século XXI — pois me parece que a velocidade com que as mudanças estão se processando em nossa sociedade impedem que muita gente boa e competente consiga enxergar que há inúmeras oportunidades para todos, de qualquer idade. Mas elas existirão somente para aqueles que desapegarem da maneira de pensar e agir do século XX (que chamo de nossa "forma mental")

O livro se chama *O mundo mudou... bem na minha vez!* porque é um bordão que criei e que já está ficando associado à minha figura de palestrante. Essa expressão ilustra bem o que pretendo provocar ao longo de todas estas páginas. Serão 21 minicapítulos, sendo 20 com início, meio e fim, mais um último somente com ideias soltas, mas que tem a pretensão de fazer o leitor refletir sobre o tempo de mudanças que vivemos tão intensamente.

Espero que este livro lhe seja útil, embora eu acredite que ele tenha uma vida curta: tudo o que se diz hoje não resiste à obsolescência dos cinco anos seguintes... Pois tudo muda o tempo todo! Então, boa leitura!

Sumário

O mundo mudou... Bem na minha vez! . . 17
Manifesto pela "Digiriatria" 23
Gerações. 29
Mudança. 35
A Era do Ficar 41
O que é Marketing? 47
Vendas no século XXI 53
O cliente nem sempre tem razão . . . 59
Quem não se comunica se complica . . 65
Tirando o mofo do Marketing. 71
A moderna liderança por adesão. . . . 77
The Working Dead 83

Acomodada ficava sua avó	89
O mundo muda, a palestra muda – Parte 1	95
O mundo muda, a palestra muda – Parte 2	101
O mundo muda, a palestra muda – Parte 3	107
O mundo muda, a palestra muda – Parte 4	113
Viver e trabalhar	119
Motivação	125
Etiqueta no trabalho	131
Pensamentos avulsos	137

O mundo mudou... bem na minha vez!

ESCOLHI ESTE MINICAPÍTULO para ser o primeiro deste livro porque seu título é que dá o nome à minha ousadia de escrever...

Em todas as minhas palestras, pelo Brasil todo, eu faço uma introdução rápida dizendo: "O mundo mudou... Bem na minha vez!"

Sou da Geração *Baby Boomer*. E noto que muitos homens de minha geração têm raiva dos jovens de hoje. Mas eu não! Eu entendi o que aconteceu. É que, ao contrário das gerações que nos antecederam, *O mundo mudou... bem na minha vez!*

E tento explicar essas mudanças para todas as idades, mas principalmente para a minha geração, os *Baby Boomers*, e para a Geração X, que são os quarentões.

Digo a eles que seremos estudados no futuro como sendo os seres humanos que mais se adaptaram na história da humanidade.

Quando jovens, nos adaptamos aos velhos. Agora, mais velhos, teremos de nos adaptar aos jovens. *O mundo mudou... bem na minha vez!*

Mas, se olharmos pelo lado bom, como disse Darwin, os que sobreviverão são os que melhor se adaptarem. E se há algo que faço desde que nasci é me adaptar! Tenho um futuro promissor, então!

O mundo mudou... bem na minha vez!

NO SÉCULO PASSADO, o melhor bife na mesa ficava com os adultos. Hoje, o melhor bife na mesa fica com as crianças. *O mundo mudou... bem na minha vez!*

———

NO SÉCULO PASSADO, os jovens se adaptavam ao mundo dos velhos. Hoje, os velhos precisam se adaptar ao mundo dos jovens. *O mundo mudou... bem na minha vez!*

———

NO SÉCULO PASSADO, o professor falava "silêncio" e todos ficavam quietos. Hoje, se ele fizer isso será motivo de piada no Facebook, durante a aula!

———

NO SÉCULO XX, os chefes eram temidos porque exerciam o poder por temor. Hoje, como são avaliados por sua equipe, os chefes precisam ser "um amor".

———

NO SÉCULO XX, o funcionário tinha de cumprir as ordens de seu chefe. Hoje, se for pressionado a cumprir qualquer tarefa, sente-se oprimido por um "ditador".

———

NUM PASSADO RECENTE, jovens cediam seu lugar no ônibus a uma pessoa mais velha. Hoje, quem for uma pessoa mais velha, está com muito azar.

NUM PASSADO RECENTE, a pessoa mais jovem dava passagem para a pessoa mais velha passar. Hoje, a mais velha dá passagem para a mais moça.

NUM PASSADO RECENTE, a pessoa mais jovem dava um passo para trás e outro para o lado, para a mais velha passar. Hoje, atropela a mais velha, sem dó.

NO SÉCULO XX, os mais velhos eram respeitados pela sua vivência e sua experiência. Hoje, isso é coisa de velho. *O mundo mudou... bem na minha vez!*

NO SÉCULO XX, os mais jovens ficavam na mesa até o mais velho levantar. Hoje, os mais velhos ficam olhando, atônitos, o jovem se levantar, sem dizer "tchau".

O mundo mudou... bem na minha vez!

NO SÉCULO XX, os mais velhos contavam histórias para os mais jovens aprenderem. Hoje, os mais jovens contam o que querem — e quando querem.

———

NO SÉCULO PASSADO, os professores detinham o conhecimento. Hoje, a cada informação passada pelo professor, alunos conferem-na no Google.

———

NO SÉCULO PASSADO, brincar na rua era a suprema liberdade. Hoje, mergulhar dentro da realidade virtual de um *game* é a total liberdade.

———

NO SÉCULO PASSADO, falar palavrões significava exclusão social. Hoje, falar palavrões é fundamental — crucial para a inclusão social.

———

NO SÉCULO XX, a música era ritmo, poesia e melodia — e cantada por quem tinha voz. Hoje, a música é só ritmo e poesia. E só "falada" por quem não tem voz.

———

NO SÉCULO XX, os velhos reclamavam dos jovens e esses tinham de ouvi-los. Hoje, os jovens reclamam dos velhos — que não os ouvem, pois não têm Facebook.

NO SÉCULO XX, os jovens achavam que o mundo dos velhos era muito chato. Hoje, os jovens têm total certeza de que o mundo começou quando eles nasceram.

NUM PASSADO RECENTE, os velhos tinham o poder de ensinar o mundo aos jovens. Hoje, só os jovens têm o poder de ensinar o novo mundo aos velhos.

NUM PASSADO RECENTE, os jovens procuravam imitar o comportamento dos adultos. Hoje, os adultos procuram imitar o comportamento dos jovens.

NUM PASSADO RECENTE, os velhos podiam se queixar dos jovens, porque eram eles quem mandavam. Hoje, quem se queixa dos jovens é velho. Puxa, *bem na minha vez*!

Manifesto pela "Digiriatria"
(ou "Por que todos teremos de virar velhos digitais?")

JÁ FIZ VÁRIAS edições da palestra "Digiriatria: seremos todos velhos digitais?"

Esse conteúdo também é inserido em todas as outras palestras que faço, de forma resumida.

Em português bem simples: o futuro nos reserva momentos inesquecíveis, organizados e divertidíssimos para quem estiver familiarizado com o mundo DIGITAL. Mas também reserva um inferno para quem não acompanhar as mudanças.

Exemplos prosaicos:

- Comprar passagem de ônibus interestadual pela internet.
- Baixar músicas.
- Importar arquivos.
- Anexar foto numa mensagem de WhatsApp.

Por que não viver naturalmente neste século? É porque esse conhecimento vem de baixo para cima, de uma geração mais jovem para uma mais velha! E isso não havia ocorrido antes na humanidade.

Jovens ensinando aos mais velhos é uma afronta, um acinte, uma ofensa, para quem acha que o mundo continua sendo regido e comandado pelos mais velhos.

Meu manifesto pela "Digiriatria" é um alerta a muita gente boa, legal, bacana e competente que está se boicotando e atrasando sua evolução.

Gente que, se demorar mais uns dois ou três anos para acordar, não conseguirá mais acompanhar o ritmo da sociedade.

O mundo mudou... bem na minha vez!

VIVEMOS UMA DAS mais extraordinárias fases de mudança dos últimos quinhentos anos. Quando nos estudarem, daqui a duzentos anos, isso será mais perceptível.

PELA PRIMEIRA VEZ na história da humanidade, há um volume brutal de conhecimento que passou a ser repassado da geração mais nova para a mais velha.

ATÉ A GERAÇÃO *Baby Boomer*, o poder estava nas mãos dos mais velhos, pois eles detinham, simultaneamente, mais vivência (experiência) e mais conhecimento.

HOJE, QUANDO ALGUÉM de mais de 35 anos se atrapalha com algum assunto "digital" pede ajuda a alguém mais moço, que detém o conhecimento.

O PODER MÁXIMO de países e empresas, há 50 anos, estava nas mãos daqueles que tinham entre 65 e 80 anos de idade. Hoje, estes estão no Conselho.

ATUALMENTE, O PODER está nas mãos de quem tem entre 40 e 60 anos de idade, pois estes mesclam experiência com atualização.

MAS EXISTE UM campo de conhecimento que está ficando cada vez mais árido para quem está na faixa entre 40 e 60 anos: o mundo digital!

NÃO SÃO RAROS os executivos e profissionais que, embora experientes e em seu auge, estão se complicando com a velocidade das mudanças.

NOVAS FERRAMENTAS TECNOLÓGICAS e ambientes de compartilhamento, como as Redes Sociais, surgem a cada instante, rápido demais.

OS JOVENS LIDAM com facilidade com esse novo mundo digital (que já não é mais tão novo assim), mas os maduros estão em apuros.

O mundo mudou... bem na minha vez!

O DESCONHECIMENTO, POR parte dos madiaros, de coisas simples como compartilhar uma foto no Facebook ou baixar uma música, é alto.

HOJE, AO NEGAR a existência de coisas simples do mundo digital, um profissional maduro está decretando sua "concordata profissional".

NO DIA A DIA, os "poderosos" que chefiam empresas e países, frequentemente pedem auxílio para coisas já prosaicas, como entrar no Twitter.

OS PRÓXIMOS TRÊS ou quatro anos nos reservam um salto tão absurdo nesse campo digital que quem não se ligar nisso vai sofrer muito.

EM MINHAS PALESTRAS por todo o Brasil, venho pregando a "Digiriatria", ou seja, a necessidade de virarmos "velhos digitais".

A ATUALIZAÇÃO PROFISSIONAL de um bom gestor passa por um completo mergulho em todos os detalhes da vida digital – e deve ser "para já".

NO PASSADO, PARA melhorar o currículo, passava-se por "A-S-D-F-G" (curso de datilografia). Hoje, mudou para "CTRL-ALT-DEL-SHIFT-ESC".

NÃO DÓI, NEM tira pedaço uma pessoa madura mergulhar no mundo digital, mas seu temor é o mesmo de uma virgem diante de sexo: "o desconhecido".

PARA APRENDER DE uma vez por todas *tudo* sobre o mundo digital, deve-se contratar um "*personal*" e evitar pedir ajuda de filhos e netos.

É MAIS FÁCIL alguém maduro, educado e cortês, aprender "ctrl-alt-del-shift-esc" do que um jovem aprender a ser educado e cortês. Pense nisso.

Gerações

A PALESTRA SOBRE gerações é a que mais faço. Dependendo da empresa ou do evento, o título é adaptado à ocasião. Mas o tema é justamente o problema.

Não vivi na fase adulta a época dos *hippies*: eu era adolescente. E lembro o choque que era: cabelos compridos, calças rasgadas... Hoje é pior?

Acho que hoje é bem pior que no período dos *hippies*. Nenhuma geração até hoje tinha tanto a ensinar para as gerações mais velhas do que os jovens de hoje.

O CHOQUE DE gerações parece estar aumentando. Para melhor entendê-lo, é preciso descobrir as diferenças entre elas. Não são poucas e são profundas.

A GERAÇÃO Z é a deste milênio. A Geração Y são os nascidos entre 1981 a 2000. A Geração X, de 1962 a 1980 e a Geração *Baby Boomer*, de 1945 a 1961. Enquanto a Geração Silenciosa é de antes de 1945.

A GERAÇÃO SILENCIOSA demorou a entregar o poder para os *Baby Boomers*: há cinquenta anos, o poder ficava na mão de quem tinha entre 65 e 80 anos. Velhos.

HÁ 30 ANOS, os presidentes de países e de empresas eram Ronald Reagan, ex-presidente dos Estados Unidos, Roberto Marinho, na Globo, e Amador Aguiar, no Bradesco. Todos acima de 70 anos.

HOJE, A GERAÇÃO *Baby Boomer* divide o poder com a Geração X: quem comanda países e empresas tem entre 40 e 65 anos: Obama, Dilma, Larry Page.

O mundo mudou... bem na minha vez!

COM A VIDA digital, a Geração Y envelheceu os *Baby Boomers*, e a Geração X, mais rapidamente que eles, envelheceram a (velha) Geração Silenciosa.

A GERAÇÃO Z envelhecerá a Geração Y mais rapidamente que envelheceram seus antecessores. Porque está aumentando a velocidade da mudança.

DAQUI A 20 ANOS, será que a Geração Y estará no poder? Será que a Geração Z terá paciência para esperar tanto até assumir o poder? Perigo, "Y"!

TALVEZ, A GERAÇÃO Y sinta-se mais velha antes mesmo de sua meia-idade. É um paradoxo, mas isso será obra da Geração Z, que virá atropelando a todos.

AS GERAÇÕES X e *Baby Boomer* têm mais ou menos o mesmo problema em relação à prepotência da Geração Y: não engolem isso facilmente. Mas existem.

AS GERAÇÕES X e Y terão de se entender logo, pois vem aí a Geração Z! E essa fará as anteriores se identificarem imediatamente contra a "invasão Z".

AO LONGO DAS décadas, todas as gerações seguintes acabam atropelando e envelhecendo as que antecedem-nas. Mas dessa vez há "o fator digital"!

A GERAÇÃO Z já nasceu mexendo no computador. Ela não se lembra da entrada do computador em sua vida, porque ele já estava lá em seu nascimento.

AS GERAÇÕES X e Y foram apresentadas ao computador. Assim como a Geração Silenciosa, que antecedeu os *Baby Boomers*, viu a televisão chegar.

AS GERAÇÕES X e Y, além de parte da Geração *Baby Boomer* não se lembram da entrada da TV em suas vidas, porque ela já estava lá quando nasceram.

O mundo mudou... bem na minha vez!

NA CHEGADA DO homem à Lua, a Geração Silenciosa vibrava e os *Baby Boomers* achavam aquilo normal, porque já estavam acostumados com a NASA.

A GERAÇÃO Z já está acostumada a explodir cérebros e a decepar bracinhos nos games desde que nasceu. A violência é banal para eles. Como serão no trabalho?

NA SUA MÉDIA (atenção, média), a Geração Y não é tão culta/bem informada como a X e os *Baby Boomers*. E não é totalmente digital como a Geração Z.

E SE DAQUI a 20 anos o poder estiver na mão de quem tiver entre 25 e 35 anos? A Geração Y não estará mais no poder? E por quanto tempo ela mandará?

OS PRÓXIMOS 25 anos nos reservam grandes surpresas nas movimentações entre as gerações. Poucos da X e quase nenhum *Baby Boomer* terá poder.

Mudança

O SER HUMANO detesta mudança.

Neste século XXI, os homens são mais resistentes às mudanças do que as mulheres. Porque NUNCA a perda de poder havia sido tão contundente.

Não precisa gostar de mudança: apenas é preciso entender a mudança. Senão, fica difícil de aceitar que o mundo mudou.

Vivemos num mundo de mudanças constantes. Logo, não estamos numa época de mudanças: a mudança é nossa era. Mas é difícil acostumar-se com isso.

Não está aumentando a mudança: está aumentando a velocidade da mudança e, o que é pior, está aumentando a aceleração da velocidade da mudança.

NÃO NOS PREPARARAM para tantas mudanças lá em nossa infância, na nossa família, na nossa escola, nos nossos grupos de referência. Estamos surpresos.

HOJE, A MAIORIA não está surpresa: está perplexa. Pois este mundo de mudanças chegou de vez, com a virada do século. E somos do século anterior.

BEM, PIOR DO que se sentir como sendo "do século passado" é ter de encarar o fato de que somos, de verdade, "do milênio passado". Difícil isso.

NÃO FAZ MUITO tempo, mas, lá nos século XX, quando a imagem do televisor não estava nítida, colocávamos um Bombril na antena.

PARA MELHORAR CONSIDERAVELMENTE nosso Curriculum Vitae, não faz muito tempo, fazíamos "a-s-d-f-g-espaço": Curso de Datilografia! (Céus!...)

O mundo mudou... bem na minha vez!

COMO EXPLICAR O Bombril na antena da TV e o curso de datilografia para a Geração Z? Eles jogam XBox falando em inglês com o mundo todo!

———

TODAS AS MUDANÇAS ocorridas neste novo milênio fazem com que nossa vida no século XX pareça tão antiquada. É até romântico lembrar-se do passado.

———

HÁ QUEM SE negue a aceitar que o mundo mudou: é gente que se apega a uma visão romanceada de que no passado era melhor de se viver.

———

É MAIS FÁCIL achar que hoje é mais difícil de se viver e ficar dizendo que "bom era no meu tempo": basta negar o presente e se anular.

———

QUANDO ME DIZEM "está tocando Bee Gees, do nosso tempo", lhes digo que isso não é música "do nosso tempo", mas sim do nosso passado.

———

MÚSICA DO MEU tempo é Lady Gaga, Jay--Z, Psy. Não é preciso gostar de tudo o que existe de moderno, mas é preciso se conhecer de tudo.

MUDAR NÃO É necessariamente gostar do que está acontecendo, mas entender o que está acontecendo — para conseguir aceitar tudo.

MUDAR É ACEITAR o novo. Para isso, é preciso estar aberto ao novo, para que ele não nos choque e nos renove. Mudar é conhecer o novo.

MUDAR ESTÁ NA essência de nossa era. E nosso tempo é agora: com as músicas, os comportamentos, as gírias de agora; enfim, tudo novo.

VIVENCIAR A MUDANÇA não é viver tudo de novo (um belo trocadilho): vivenciar a mudança é viver tudo o que há de novo — de novidade!

O mundo mudou... bem na minha vez!

PODE SER QUE somente nos demos conta do quanto estamos passando por mudanças quando o século XXI já estiver pela metade, todo novo.

TALVEZ, LÁ NO século XXII, nos estudem como seres diferenciados, que passaram por um dos maiores períodos de mudança na história humana.

TALVEZ NOS VEJAM no futuro como um grupo social que enfrentou um período de mudança tão brutal como o do Renascimento ou dos Descobrimentos.

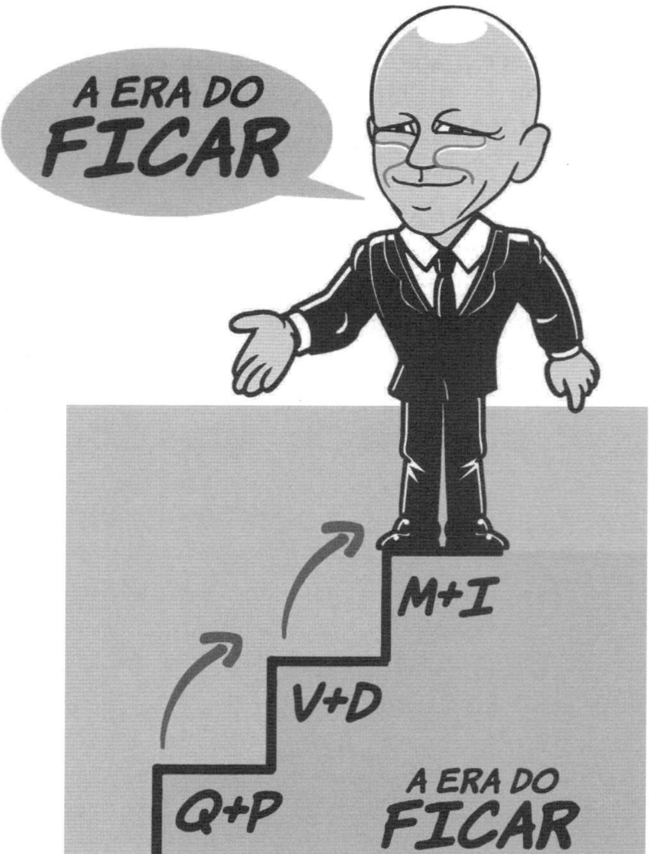
A ERA DO FICAR
M+I
V+D
Q+P
A ERA DO FICAR

A Era do Ficar

AH... SE EU tivesse escrito esse livro em 2003, quando formulei essa teoria, antes da modernidade líquida, antes da era do efêmero...

Mas eu não entendia a importância de publicar um livro.

Como palestrante, se eu pudesse escolher o tema pelo cliente, escolheria a minha palestra "A Era do Ficar". Até hoje, é o que eu fiz de melhor. E é a que eu mais gosto de apresentar (excetuando "A Palestra Muda", é claro, pois essa é um espetáculo).

Não vou falar sobre a Era do Ficar na introdução. Por favor, vá para a página seguinte...

Se não gostar desse minicapítulo, não precisa mais ler nada do que escrevi.

NO SÉCULO PASSADO, namorávamos, noivávamos e casávamos com pessoas, ideias, produtos, serviços, empresas, marcas. Enfim, século XX = Fidelidade.

NO SÉCULO XX, havia pouca (ou nenhuma) opção para qualquer segmento de atividade: poucos médicos, poucas faculdades, poucas lojas. Era Fidelidade de compra.

ATÉ POUCO TEMPO, as famílias almoçavam sempre no mesmo restaurante e os clientes compravam sempre na mesma loja. A Fidelidade era a regra!

"FORMAÇÃO DE VÍNCULOS sólidos e duradouros" era a cara do século XX. E havia poucas opções para cada segmento. O resultado era a Fidelidade de compra.

NO SÉCULO PASSADO, um menino só podia namorar uma menina de cada vez. Precisava pedir a menina em namoro — e, às vezes, ela pedia "um tempo para pensar".

HOJE, NAS FESTAS de jovens, com tanta "opção", existe maior liberdade para que muitos beijem muitas durante a noite. É o "Ficar", que não exige Fidelidade.

SAÍMOS DE UMA Era de Formação de Vínculos Sólidos e Duradouros e entramos numa Era do Ficar. Não é mais possível exigir-se Fidelidade. Muita opção!

AS MENSAGENS QUE o século XXI transmite são "você merece", "chute o balde", "saia do armário" e "a fila anda", completamente opostas à do século XX: "Formação de Vínculos".

HOJE, MESMO BEM servido, o comprador é estimulado a experimentar outras opções. Afinal, "todo mundo faz isso" e, o que é pior, "não dá nada"... Mudou!

NA VIRADA DO século, o comportamento sentimental-amoroso sofreu alterações de comportamento muito profundas, assim como o comportamento de compra.

SE, NO SÉCULO XX, namorávamos e casávamos com pessoas, ideias, produtos e marcas, no século XXI, a gente apenas "fica". É, do inglês, *a one night stand*, só uma "ficada".

EXPLICO MINHA "Era do Ficar" em degraus de importância: início, Qualidade & Preço; depois, Velocidade & Disponibilidade; por fim, Marca & Inovação.

HOJE, QUALIDADE & PREÇO (ou a melhor relação custo-benefício) não são mais fator de diferenciação de um produto ou serviço no mercado.

QUALIDADE & PREÇO, hoje, é o mínimo que se espera de um produto ou serviço. Não existe mais espaço para que não haja um deles. Ora, o mundo mudou.

PARA NÓS, O binômio Qualidade & Preço, hoje, é sinônimo de obrigação. É apenas o piso. Como se fosse oxigênio: sem ele, não se consegue sobreviver.

O mundo mudou... bem na minha vez!

POR QUE A maioria dos argumentos de venda no século XXI ainda gira em torno de algo do século XX, como Qualidade & Preço, se queremos mais do que isso?

———

O QUE DIFERENCIA um competidor no mercado é a Velocidade & Disponibilidade: Velocidade de resposta e entrega e Disponibilidade como um todo, sempre.

———

VELOCIDADE DIFERENCIA PORQUE estamos exigindo respostas rápidas e entregas mais rápidas ainda. E quem é lerdo para reagir ou entregar está mal.

———

DISPONIBILIDADE DIFERENCIA PORQUE o que esperamos de uma marca (ou empresa, produto ou serviço) é que ela seja e esteja disponível quando queremos.

———

QUANDO SE TEM Qualidade & Preço + Velocidade & Disponibilidade, tem-se uma Marca. Mas ela não pode se acomodar. É preciso se renovar: Inovação.

———

O que é Marketing?

FIZ PÓS-GRADUAÇÃO EM Marketing há quase trinta anos. Antes do celular e da internet. A Madonna estava surgindo!

Assim como a Madonna, o Marketing foi se transformando nesse tempo todo. Mas seus princípios de colocar o cliente em primeiro lugar continuam.

Também dou aulas de Marketing há quase trinta anos. À medida que trabalhava em Marketing, estudava-o cada vez mais, para poder lecionar.

Eu evoluí com o Marketing. E acho que dei minha parcela para dignificá-lo também. O coitado do Marketing passou a ser associado a "estratagemas não muito éticos"... Mas não é nada disso. O Marketing melhora a vida das pessoas: a vida de quem compra e a vida de quem vende.

Tenho orgulho de ser dessa área e fiz de tudo, em aula e na vida profissional, para dignificá-lo.

Pena que *todo mundo* acha que entende de Marketing. Por isso é que se faz tanta porcaria em nome do pobre Marketing.

A seguir, não uma palestra, mas uma *aula* que adoro apresentar.

MARKETING, NA SUA origem em inglês, está no gerúndio. Logo, Marketing é o "mercado em movimento", Marketing é o ato de "mercadizar". Marketing tem uma ideia de movimento.

O COITADO DO Marketing, no Brasil, passou a ser associado com falcatruas, estratagemas... "Estou fazendo o meu Marketing" é falado a toda hora. Feio isso!

BEM AO CONTRÁRIO do conceito de "empurrar" um produto/serviço ou de "enfiar algo goela abaixo do cliente", o Marketing sempre busca o retorno do cliente.

MARKETING É RECOMPRA. Marketing não trata apenas de tudo o que se deve fazer pra que alguém compre: é fazer de tudo pra que o cliente volte a comprar.

PARA QUE ALGUÉM sinta vontade de voltar — e de voltar a comprar — é preciso muito estudo, muita informação de mercado. Não se acerta só com bom-senso.

TUDO NO MARKETING começa com uma precisa leitura de cenário: é preciso saber onde se está pisando. E é preciso saber do histórico daquele mercado.

ANTROPOLOGIA CULTURAL É a base para o início de uma ação de Marketing: quando se sabe a trajetória histórica de um grupo social, é possível entendê-lo.

UM GRUPO SOCIAL — ou "o mercado" — tem Cultura, Hábitos e Valores. E é daí que surgirão suas Necessidades e Desejos. É isso que Marketing deve estudar.

A PESQUISA É algo inerente a uma boa ação de Marketing. Pois só se pode conquistar um mercado se ele passa a ser conhecido em seus mínimos detalhes.

MARKETING É INFORMAÇÃO de qualidade a respeito de um mercado: é possível criar e desenvolver um produto ou serviço adequado às suas necessidades.

É NO AJUSTE às necessidades de um mercado — ou grupo social — que uma ação de Marketing começa a tomar corpo. Porque Marketing envolve satisfação.

CLIENTE SATISFEITO TEM mais probabilidade de retornar. Cliente satisfeito tem mais chance de recomprar. Cliente satisfeito pode até recomendar aos outros.

MARKETING NÃO PODE ficar somente restrito a Pesquisa e Ajuste de Produto. Se não se está ao alcance do cliente, não é uma boa estratégia de Marketing.

ATUALMENTE, A DISPONIBILIDADE é o maior segredo do Marketing, pois não se pode deixar que o cliente demonstre desejo de comprar e não encontre o produto.

EM MARKETING, "ou Maomé vai à montanha ou a montanha vai a Maomé". Para haver disponibilidade de produto ou serviço, é preciso uma eficaz Distribuição.

É TRISTE QUANDO um cliente com vontade de comprar algo ouve do vendedor: "esse produto tem, mas está em falta". Falha na Distribuição.

QUANDO TUDO ESTÁ benfeito em Marketing (Pesquisa, Produto ou Serviço Adequado e Distribuição), é preciso que todos os potenciais clientes saibam disso.

DIZEM QUE NÃO comemos ovos de Pata (que seriam até mais nutritivos e saborosos), porque ela bota ovo calada. Com a Galinha é diferente: ela cacareja.

PARA QUE NUM mercado — ou para os potenciais clientes dele — haja conhecimento a respeito de um produto ou serviço, é preciso uma boa Comunicação.

A COMUNICAÇÃO COMPLEMENTA o esquema do Marketing: Pesquisa, Adequação de Produto, Distribuição e uma eficaz divulgação sobre o que se vende.

Vendas no século XXI
Mudar ou morrer!

TODO MUNDO DEVERIA trabalhar como vendedor pelo menos um período na vida, para dar valor a uma das mais antigas e nobres atividades humanas: vender.

Quando me perguntam como é que dou palestras de Vendas, se sou somente palestrante, eu respondo que vendo o artigo mais difícil que existe: *ideias*!

Pois o mercado de palestras — e palestrantes — para a área de Vendas, no Brasil, é vastíssimo. E divide-se em dois grupos: os que têm qualificação para falar e os que não têm.

Eu faço parte dos que têm. Sem modéstia. Não compre gato por lebre! E encare Vendas com a cabeça do século XXI – jamais com aquelas fórmulas prontas do século passado!

O mundo mudou... bem na minha vez!

UMA DAS ATIVIDADES mais nobres que existe é Vender. Lamentavelmente, Vendas ficou associado como atividade de pessoas que não tem profissão fixa.

HOJE, INVENTAM UMA série de sinônimos para Vendedor, como Representante, Consultor, Associado... Vendas é uma atividade que enobrece a pessoa!

VENDER NÃO É somente uma arte, é um conjunto de técnicas. E deve ser precedido de uma boa dose de estudo e de muita leitura, levando a capacitação para Vendas!

NUM PASSADO RECENTE, quem comprava algo tinha pouca ou nenhuma informação sobre aquilo que desejava comprar. Ficava muito mais fácil de vender.

EM VENDAS, NO século XX, não havia tantos mecanismos de proteção como há hoje: Procon, Código de Defesa do Consumidor, Redes Sociais... Era mais fácil vender.

ANTES, MUITOS VENDEDORES literalmente "empurravam" produtos/serviços goela abaixo de compradores impotentes até para reclamar. Hoje, isso mudou...

VENDAS NO SÉCULO XXI tornou-se algo bem mais complexo: nunca o comprador pode se equiparar ao vendedor em conhecimento sobre aquilo que compraria.

HOJE, COM O acesso fácil e instantâneo a qualquer informação, um comprador já pode obter mais informação sobre tudo — e mais até do que seu vendedor.

O MAIOR SEGREDO em Vendas é ser a fonte da informação: saber tudo sobre mercado, comportamento de compra e, mais ainda, sobre aquilo que vende. É vital!

QUEM SABE TUDO sobre o que vende não precisa "empurrar" a venda: quem é a fonte da informação só precisa fazer o cliente sentir vontade de comprar!

O mundo mudou... bem na minha vez!

É MAIS FÁCIL fazer o cliente sentir vontade por uma compra do que se matar para efetuar uma venda. Não é jogo de palavras: trata-se de conhecimento.

PROSPECTAR NOVOS CLIENTES é mais difícil, há mais concorrência em tudo, é preciso mais estudo de mercado e mais visitas/gastar sola de sapato.

CONQUISTAR CLIENTES É mais difícil neste século. As pessoas são mais inconstantes: é preciso mais conhecimento sobre comportamento e mais trabalho.

MANTER CLIENTES É algo bem mais difícil do que meramente conquistá-los. Mas o motivo básico para a manutenção é o mesmo: dar total atenção aos clientes.

EM VENDAS, HOJE, temos muito menos tempo disponível para dar atenção a um cliente, pois a vida profissional está mais corrida: virou multitarefa.

MUITAS VEZES, UMA venda concorrida é decidida num pequeno detalhe... Logo, mais do que nunca, uma boa venda é a soma de inúmeros detalhes.

VENDER É SATISFAZER. E Satisfação na compra pode começar desde o primeiro contato, seja físico ou virtual, mas se complementa quando há a Entrega.

VENDER NÃO É prometer: vender é entregar. Procure sempre entregar o que prometeu. E somente prometa o que você sabe que vai poder entregar.

A FÓRMULA DO bom vendedor é bem simples: Vendas no século XXI é ser a Fonte da Informação, fazer o cliente comprar e entregar o que prometeu.

QUEM ACHA QUE vender no complexo século XXI é algo idêntico à barbada que era vender no século XX precisa mudar de visão. Senão, vai morrer. E logo.

O cliente nem sempre tem razão
(A emoção tem razão...)

DE NOVO: TODO mundo deveria trabalhar como vendedor pelo menos um período na vida, lidar com clientes é lidar com comportamento humano.

E, nessa palestra, eu procuro provocar raciocínios inversos ao que todo mundo pensa e fala.

"A emoção tem razão" não é jogo de palavras, é a mais pura verdade, nos dois sentidos.

Boa leitura de minicapítulo. Não espero que concorde comigo, mas fico feliz se eu fizer você pensar um pouco sobre isso.

NO SÉCULO PASSADO, havia o ditado: "O cliente sempre tem razão". Isso denotava menos uma vontade de servir e mais um temor por perdê-lo. Mas mudou!

HOJE, AFIRMAR QUE "o cliente sempre tem razão" deve trazer junto a vontade de satisfazê-lo plenamente, pois há mais concorrência: ele pode optar ou trocar.

AO CONTRÁRIO DE falar "o cliente sempre tem razão", devemos refletir quando isso não ocorre. Eu tenho convicção de que o cliente NEM sempre tem razão.

O CLIENTE NEM sempre tem razão, hoje, porque, por exemplo, orientando-o corretamente, pode-se convencê-lo a comprar o que ele realmente precisa.

MUITAS VEZES, O que o cliente quer não é exatamente aquilo de que ele precisa. Conhecendo a fundo o cliente, o vendedor torna-se um eficaz orientador.

O mundo mudou... bem na minha vez!

O VENDEDOR MODERNO não faz vendas, ele gera compras. Quem atua como orientador de cliente conquista mais preferência de parte dele. E mais compras.

O BOM VENDEDOR, hoje, conhece o mercado, entende de comportamento humano e domina as características da linha de produtos e serviços que vende.

CLIENTE TEM RAZÃO quando deseja comprar aquilo que efetivamente precisa. O bom vendedor vai atrás da informação para ser um orientador de compras.

NO LUGAR DA subserviência de fazer tudo pelo cliente para não perdê-lo, que tal conhecê-lo a fundo e criar coisas exclusivas que farão a diferença?

O CLIENTE NEM sempre tem razão, hoje, porque ninguém decide uma compra usando a Razão. Compra-se por Emoção. Razão é só para justificativas.

O CORAÇÃO TEM uma "embaixada no cérebro": o inconsciente. Quando a mensagem de vendas fala com o inconsciente, atinge o coração. E ele manda comprar.

QUANDO O CÉREBRO é acionado, há o pensamento judicioso que avalia se vale a pena comprar, mas a motivação para a compra foi despertada no coração.

A MAIOR JUSTIFICATIVA para um ato de compra é "porque sim!". Compramos as coisas "porque sim", porque algo tocou nosso coração e ele decidiu assim.

COMPRA-SE UM SERVIÇO "porque sim!" Compra-se um produto "porque sim!" As justificativas para a compra vêm depois da decisão de compra.

COMPRAMOS ALGO "PORQUE sim!" Porque é "nossa música", porque "me faz mais feliz/mais forte", porque "têm cheiro de minha infância", entre outras razões.

O mundo mudou... bem na minha vez!

A VERDADEIRA RAZÃO pela qual se compra algo está em alguma gaveta escondida no inconsciente. E Freud dizia que "o tempo não existe no inconsciente".

QUANDO UMA MOÇA compra uma blusa, pode estar querendo se vestir como a amiga chique de sua mãe que lhe encantava quando ela era menina.

QUANDO UM HOMEM finalmente compra o carro de seus sonhos, não custa caro. Quando lhe perguntam se ele pagou caro, ele até diz: "Ora, saiu barato".

A MELHOR EXPLICAÇÃO para uma compra de alto valor cujo comprador está plenamente realizado com ela é a de que "nenhum sonho custa caro!"

SONHAMOS COMPRAR PRODUTOS e serviços desde a infância. Hoje, saber identificar as motivações para vender bem é o maior segredo de um bom vendedor.

Quem não se comunica se complica

COMUNICAÇÃO É ALGO tão presente na vida de todos nós que *todo mundo* pensa que é facílimo de se fazer!

Mas Comunicação tem teorias, técnicas, instrumentos e ferramentas que somente quem os estuda e vivencia pode saber o que fazer. No entanto, como são feitos – mal feitos – trabalhos de Comunicação por gente não especializada!

Como Doutor em Comunicação, tenho a pretensão de sintetizar num capítulo o que mais importa em Comunicação. Será que conseguirei me comunicar adequadamente?

Comunicação não é o que se diz, mas sim o que os outros entendem. Não é o que o Emissor da Mensagem diz, mas o quê e como chega ao Receptor.

MODELO CLÁSSICO DA Comunicação: sempre envolve um Emissor, a Mensagem e um Receptor para o qual a mensagem é enviada, falada, transmitida.

COMO NUMA COLISÃO entre carros, em que o que bate na traseira do outro é o culpado, em Comunicação, o culpado é sempre o Emissor da Mensagem.

O EMISSOR DE uma Mensagem tem a obrigação de adequar o conteúdo e a linguagem para que ela seja percebida e compreendida pelo Receptor.

COMUNICAÇÃO NÃO É Emissão: Comunicação é Recepção! Uma Comunicação somente ocorre quando há a Recepção da mensagem por parte do Receptor.

PARA HAVER UMA eficaz Recepção de uma Mensagem, é preciso que o Emissor conheça a cabeça do Receptor dela, para poder adequá-la eficazmente.

PARA HAVER COMUNICAÇÃO, é preciso ter Adequação de Linguagem por parte do Emissor para que a Mensagem seja percebida e entendida pelo Receptor.

COMUNICAÇÃO NÃO É Emissão. Comunicação é quando há Recepção. E Recepção demanda Adequação (de Linguagem). Logo, Comunicação é Adequação.

HOJE, COM O excesso de estímulos a que somos expostos, é difícil que uma Mensagem entre na cabeça de alguém — e mais difícil é que fique retida.

PARA QUE UMA ideia fique retida na cabeça de alguém, ela precisa de um processo Acumulativo de argumentação. Comunicação demanda Acumulação.

PARA QUE NOSSA mente registre e fixe algo, é preciso Acumulação da mesma ideia. Logo, hoje é preciso que se repita várias vezes tal mensagem.

COMUNICAÇÃO DEMANDA ACUMULAÇÃO
de uma mesma mensagem na mente. E
Acumulação se consegue com Repetição.
Logo, Comunicação é Repetição.

COMUNICAÇÃO NÃO É Emissão: é Recepção.
Comunicação é Adequação (de
Linguagem). Comunicação é Repetição.
Recepção + Adequação + Repetição...

POR QUE, ALGUMAS vezes, quando uma
mensagem adequada em termos de
linguagem (para uma boa Recepção)
é repetida, não é recebida/percebida?

ATUALMENTE, COM TANTOS estímulos, é
comum uma mensagem entrar e sair da
mente, sem ficar fixada por lá. Ou nem
mesmo ser percebida.

VIVEMOS UMA ERA de explosão de estímulos,
de total dispersão. Para ser percebida
(ou recebida), é preciso que a mensagem
consiga chamar a Atenção.

PARA ATRAIR A Atenção de alguém, uma ideia precisa ser Relevante. Pois, sem Relevância, não se chama a Atenção. E, sem Atenção, não há Comunicação.

PARA ATRAIR A Atenção, é preciso que seja feita uma eficaz Comunicação, com Recepção, Adequação e Repetição – mas o mais importante é Relevância.

SÓ ATRAI A atenção o que é Relevante. Só o que interessa é Relevante. E só o que é Relevante interessa. Comunicação é sinônimo de Relevância.

QUANDO SERÁ QUE as empresas e os profissionais entenderão que Comunicação é um conjunto de técnicas que devem ficar a cargo de especialistas?

Tirando o mofo do Marketing

O QUE É Marketing? é uma aula. Já *Tirando o mofo do Marketing* é uma palestra.

Procuro evidenciar que o estudo e a discussão do Marketing remonta ao ancestral período dos "4Ps".

Quem não estudou Marketing até aqui vai estranhar essa minha provocação. E quem já estudou pode vir a se divertir – ou a se irritar, um pouco.

Não procuro criticar ninguém: quero apenas que uma área tão sintonizada com o novo, como o Marketing já é por natureza, atualize-se.

FAZ-SE MARKETING HÁ mais de cem anos. Seu estudo nas universidades brasileiras tem mais de cinquenta. E a base continua sendo os "4Ps". Mas e no século XXI?

OS "4PS" DO Marketing (*Product, Pricing, Placing* e *Promotion*) são a forma mais usual de se explicar Marketing há décadas. Vamos revisar esse modelo?

MARKETING SIGNIFICA FAZER o cliente voltar, ou seja, a Recompra. E só compra quem está satisfeito. A base do Marketing é a Satisfação – e não o Encantamento.

NIZAN GUANAES DISSE que "o único que ganhou dinheiro com *feeling* foi o Morris Albert" (compositor da música *Feelings*). Marketing não pode ser somente *feeling*.

***FEELING* E BOM** senso foram excelentes ferramentas para o Marketing enquanto não se buscava medir cada passo e cada centavo investido. Mas mudou!

O mundo mudou... bem na minha vez!

MARKETING, SENDO UM estudo baseado nos "4Ps", um excessivo foco no "Encantamento da Clientela" e uma ojeriza a se medir cada ação/dinheiro investido, cheira a mofo!

NO SÉCULO XXI, comparados com o avanço de outras atividades (por exemplo, a Medicina e a Tecnologia da Informação), o estudo e a prática do Marketing estão criando mofo.

OS "4PS" FORAM mal traduzidos para o português! Estão corretos Produto (*product*) e Preço (*pricing*). Mas *Placing* não é praça/ponto/posição e *Promotion* não é promoção.

MARKETING, "4PS" I: como a teoria se originou nos Estados Unidos, e pesquisa, em inglês, é *Survey* ou *Research*, faltou essa importante ferramenta no início do estudo mercadológico.

MARKETING, "4PS" II: já ouviu alguém dizer "olha lá um R$ 39,90 vagando no espaço"? O Preço está sempre atrelado ao Produto, faz parte dele, não se separam.

MARKETING, "4PS" III: Preço é só a representação numérica, traduz o Valor que se dá a algo. Preço não vive sozinho, faz sempre parte do Produto Ampliado.

MARKETING, "4PS" IV: *Placing* é o "P" pior traduzido... Significa Distribuição, ou seja, o conjunto de atividades para se levar o produto ao cliente ou vice-versa.

MARKETING, "4PS" V: no Brasil de DNA inflacionário, Promoção é algo não crível. *Promotion*, em inglês, quer dizer divulgação. O certo é dizer Comunicação.

NO SÉCULO XXI, vamos reorganizar os "4Ps": Pesquisa, Produto Ampliado, Distribuição e Comunicação. Assim se pode melhor estudar e aplicar o Marketing.

PARA O MARKETING funcionar, é preciso que o cliente esteja satisfeito, mas não necessariamente encantado! Ninguém procura um produto para se encantar.

DEVE-SE TER O maior cuidado para não perder tempo se preocupando em encantar cliente no lugar de procurar satisfazê-lo, pois é só isso que ele quer.

MUITO SE FALA de *Costumer Care* ("cuidado/ carinho com o cliente"). Na verdade, é muito mais importante saber o que o *Costumer* QUER! (Trocadilho ruim.)

PARA SABER O que o cliente quer é preciso mais do que bom senso e *feeling*: o Big Data deve ser utilizado para prever os novos passos da compra.

NÃO SE FAZ mais nada em Marketing sem métrica/medição. Cada ação pode e *deve* ser medida, para uma maior rentabilidade do investimento aplicado.

ESTÃO COM CHEIRO de MOFO os profissionais de Marketing que ainda estão presos somente a *insights* e sacadas criativas, odiando a métrica e a medição.

A moderna liderança por adesão

QUEM SOU EU para escrever sobre Liderança, com tantas pessoas competentes que exercem ou lecionam sobre essa verdadeira arte!

Mas procuro passar o que vivenciei – como líder e como liderado. Além disso, li quilômetros de páginas para poder ser um líder, ao menos, respeitado. E descobri que o Respeito vem depois da Admiração.

NO SÉCULO PASSADO, a autoridade estava constituída, estabelecida, reconhecida. "Batíamos continência" para pais, professores e patrões. Hoje, mudou.

ANTES, OLHÁVAMOS PARA a autoridade de baixo para cima. Assim, qualquer Liderança podia ser exercida naturalmente: a hierarquia era vertical.

"MANDA QUEM PODE, obedece quem precisa" ou "obedece quem tem juízo". Conceitos típicos de uma era passada, com hierarquia verticalizada.

HIERARQUIA E AUTORIDADE estabelecidas verticalmente criavam, num passado não muito distante, um comportamento submisso, coagido. Mas mudou.

A LIDERANÇA QUE era exercida de cima para baixo era do tipo "Coação" – ou seja, os subalternos obedeciam por temor. Não havia espaço para Adesão.

O mundo mudou... bem na minha vez!

ESTAMOS NUMA NOVA era: a da Moderna Liderança por Adesão. Não se pode mais coagir quem quer que seja. Não se exerce mais poder de cima para baixo.

NO PASSADO, HIERARQUIA pressionando de cima para baixo; logo, Liderança por "Coação". Hoje, Liderança por "Adesão": o temor cede lugar à Admiração.

É MAIS DIFÍCIL liderar hoje. É preciso mais esforço e muito mais trabalho, pois o profissional moderno só aceita ser comandado por um líder moderno.

A MODERNA LIDERANÇA por Adesão é totalmente baseada em admiração, pois na base de um relacionamento, antes do Respeito, vem a Admiração.

AO CONTRÁRIO DO que, em geral, se diz, em Liderança, como na vida, é a admiração que gera respeito. Porque quando acaba a Admiração, acaba o Respeito.

NO PASSADO, COM a Liderança sendo exercida "por temor", era fácil se "exigir respeito". Quando a Liderança se moderniza, só há respeito por adesão.

ADESÃO PRESSUPÕE ADMIRAÇÃO, pois ninguém adere ao que não admira. Baseada nisso, toda Liderança, hoje, deve buscar adesão – e não a antiga coação.

É MUITO IMPORTANTE que qualquer pessoa que hoje seja alçada a uma posição de Liderança compreenda a importância de se conduzir de forma admirável.

LIDERANÇA É COMANDO. E comandar não é uma tarefa simples. Não basta apenas ser bom tecnicamente, é preciso ser craque em comportamento humano.

HOJE, SE ALGUÉM que chega a uma posição de Liderança é uma pessoa ainda muito apegada ao passado, dificilmente conseguirá comandar bem.

O mundo mudou... bem na minha vez!

ANTES DO SÉCULO XXI, bastava mandar, pois o mundo era vertical. No século XXI, com a vida na horizontal, é preciso "co-mandar", ou seja, "mandar junto".

PARA COMANDAR ALGUÉM bem, é preciso conhecê-lo bem. Logo, liderança implica em proximidade. E proximidade pode gerar admiração – e maior adesão.

NÃO EXISTE MAIS espaço para aquele tipo "competente, porém carrancudo". Hoje, a pessoa precisa ser competente, sim, mas também precisa ser legal.

O LÍDER MODERNO é competente, legal e procura se aproximar de seus liderados. O líder moderno é admirado por seus comandados e isso deve ser natural.

A MODERNA LIDERANÇA por Adesão é fruto da horizontalização da autoridade: somente pode ser exercida por aqueles que migraram do século XX para o século XXI.

The Working Dead

EU ESTAVA ESCREVENDO um livro há três ou quatro anos, e não conseguia encontrar um estilo próprio... Sou tão diferente no palco...

Até que a Renata Araújo, da prestigiada N Produções, de José Paulo Furtado, de Brasília, que promove os maiores palestrantes do Brasil, me ligou.

Ela exigia um artigo meu para a sua excelente revista, N Soluções, para a qual escrevem os melhores pensadores e palestrantes do Brasil.

Em princípio, neguei... Mas propus uma inovação: e se eu, que sou "twitteiro militante", escrevesse um artigo em frases curtas, como no Twitter? E que as frases vivessem isoladamente, como conteúdo fechado em si mesmas – embora que, se colocadas em sequência, formassem um artigo?

Então, foi a partir desse artigo que meu livro tomou forma!

E esse tema é fruto do que venho observando com pesar: há muita gente que foi competente no século XX, que continua tecnicamente eficiente neste século, mas que não entendeu a mudança de linguagem, de comportamento e de conhecimento digital necessários para não ser um zumbi profissional.

O mundo mudou... bem na minha vez!

TALVEZ O MAIOR sucesso de público, hoje, sejam histórias envolvendo zumbis. Há zumbis no cinema, nos games e, principalmente, nas séries de TV.

THE WALKING DEAD é a série mais famosa: transita em diversas plataformas – TV, games etc. E acho que existem zumbis entre nós.

VIVEMOS NUM MUNDO lotado de canais de comunicação, que transbordam informações a respeito de tudo e de todos, numa velocidade nunca vista.

SOMOS NOVOS CONSUMIDORES, ávidos por informação, com acesso cada vez mais ilimitado a esses novos canais e à opinião de qualquer um.

SOMOS CIDADÃOS MELHOR informados sobre tudo e todos, e essas realidades já transformaram o dia a dia das empresas: somos novos profissionais.

EXISTE, PORÉM, UM perfil profissional que se diferencia do modelo ideal atual: é aquele tipo que se recusa a aderir à nova tecnologia. É um zumbi.

O ZUMBI PROFISSIONAL imprime e-mails para ler no papel, trazidos pela secretária. Quase todos seus arquivos estão na Área de Trabalho do computador... Lotada.

NÃO TEM FACEBOOK, mas finge conhecê-lo nas reuniões e nos papos em coquetéis. Twitter ele não tem a menor noção do que vem a ser. Zumbi.

ZUMBI PROFISSIONAL TEM, no máximo, um BlackBerry, mas tudo que consegue utilizar dele é responder a e-mails e acessar a internet.

GAME É ALGO que um zumbi corporativo jamais joga. E desconhece que essa é a nova fronteira para o treinamento profissional.

O mundo mudou... bem na minha vez!

O DESESTÍMULO PARA não se inteirar sobre cada novidade tecnológica deve-se, em parte, ao volume absurdo de informações que surgem.

ACOMPANHAR O RITMO das inovações e, principalmente, das novidades introduzidas no ambiente corporativo, é algo que assusta a muitos.

ATUALMENTE, QUEM COCHILA profissionalmente durante um ano, não consegue mais acompanhar as novidades. E isso não diz respeito só à tecnologia.

NAS EMPRESAS, HÁ muitas práticas novas, métodos novos, métricas novas... Pânico: fica mais fácil não aderir a todos, de uma vez. Coisa de zumbi.

ATÉ UNS TRÊS ou quatro anos atrás, um zumbi profissional fazia uma piada sobre sua incapacidade de acompanhar as inovações e todos riam.

HOJE, NÃO HÁ mais espaço para piadas sobre a incapacidade de um profissional não conseguir acompanhar minimamente as inovações.

UMA FORMA SIMPLES de detectar um zumbi corporativo é ver a frequência com que ele fica evocando um passado que não volta mais.

TELEX NÃO VOLTA mais. Papel carbono não volta mais. Cardex não volta mais. Nem os zumbis de Thriller, do Michael Jackson: eles não voltam mais...

OS ZUMBIS PROFISSIONAIS ainda estão entre nós, mas caminham com dificuldade, se arrastando. Eles parecem *The Walking Dead*.

OS ZUMBIS CORPORATIVOS, que não acompanham as mudanças, são *The Working Dead*. (Resta somente avisá-los de que seu tempo acabou.)

Acomodada ficava sua avó

A PALESTRA "Acomodada ficava a sua avó" é novíssima. Estreou em uma praça, ao ar livre, no centro de Porto Alegre, numa segunda-feira de manhã!

Promovida pela CDL de Porto Alegre, era somente para seus funcionários (me recuso a falar "colaboradores"!) – mas reuniu várias pessoas para assistir.

Transeuntes, mendigos, executivos, gente curiosa... Até um cachorro parou para ver. Essa minha nova palestra veio para chacoalhar as pessoas. Se quer uma daquelas gritarias, não me contrate. Nem leia a seguir...

NO SÉCULO XX, havia uma campanha publicitária de um absorvente que dizia "Incomodada ficava sua avó", que tratava sutilmente "daquele período". Hoje, mudou.

HOJE, O QUE mais os palestrantes ouvem como solicitação de conteúdo por partes do RH das empresas é que "tirem as pessoas de sua zona de conforto".

É UM PARADOXO: a velocidade das mudanças aumenta cada vez mais. E também aumenta o número de pessoas acomodadas, e de todas as idades!

O PROBLEMA DE motivação para o trabalho, no Brasil, é crônico: temos mais de quinhentos anos de cultura de ojeriza ao trabalho. Como se trabalhar fosse castigo.

NO BRASIL, TEMOS diversas músicas em cuja letra o trabalho é tratado como um fardo, um castigo. "Hoje é sexta-feira" soa como um grito de liberdade.

O mundo mudou... bem na minha vez!

A MAIORIA DAS pessoas deste país não gosta do que faz: da profissão mais nobre à mais desvalorizada, sempre há alguém infeliz com o trabalho.

———

O TRABALHO ENOBRECE, dá sentido à vida, permite inclusão social, permite que a pessoa melhore de padrão de vida... Mas muita gente pensa o contrário.

———

DIZEM QUE A frase mais falada pelos trabalhadores brasileiros em todos os tempos é "que horas são?". O importante é quanto falta para parar de trabalhar.

———

O FEUDALISMO HISTÓRICO no dia a dia de trabalho do brasileiro criou uma cultura de ódio ao chefe e aversão ao trabalho. Vai mudar um dia?

———

QUEM ODEIA TRABALHAR, quando atende o público, transfere esse sentimento para o inocente que será atendido, pois é nele que será descontada sua raiva.

———

EXISTE UMA CRISE de gerência no Brasil: o cargo de "chefe" é encarado como um feudo, onde o senhor feudal é o suserano e sua equipe são os vassalos.

NÃO HÁ QUASE motivação no Brasil para capacitar os funcionários por parte de chefes. Boa parte do tempo dos chefes é "mandando fazer".

FUNCIONÁRIO MAL OU não orientado fica acomodado. Sem orientação, não há segurança. Sem segurança, ninguém se mexe, ninguém cria, ninguém ousa.

SÃO INÚMERAS AS razões que justificam a motivação de alguém para o trabalho. Mas três delas se destacam: reconhecimento, salário e espaço para falar e agir.

DIZEM QUE RECONHECIMENTO é a maior razão para nos mantermos vivos. É exagero. Mas um bom "tapinha nas costas" e um elogio em público ajudam muito.

UMA REGRA ANTIGA da gerência é "elogiar em público e criticar no particular". Quando essa lógica é invertida, está-se criando uma pessoa acomodada.

SALÁRIO É ALGO que motiva para o trabalho — e muito. Mas não basta somente salário, é preciso reconhecimento e espaço para a pessoa se expressar.

ESPAÇO TALVEZ SEJA a maior força motriz. Se um chefe pergunta a seu subordinado o que ele acha ou faria em seu lugar, cria espaço para alguém crescer.

NINGUÉM QUE É acomodado cresce. É preciso motivar de todas as maneiras. Mas a forma mais eficaz é pelo conhecimento. Motivação pelo conhecimento.

DA ÉPOCA DO "incomodada ficava sua vó", entramos na era "acomodada ficava sua avó", pois, hoje, é impossível se acomodar: é perder chances e espaço.

O mundo muda, a palestra muda
Parte I

ESSA PALESTRA NÃO é uma palestra: é um espetáculo. Eu desenvolvi a técnica: uma plataforma com sala escura, som alto, foco total na tela, texto rodando rapidamente de acordo com a música e, eu, *mudo*. Pois, "se o mundo muda, a palestra muda"...

Nos outros minicapítulos, procurei fazer uma linguagem impessoal.

Na Palestra Muda, falo muitas vezes na primeira pessoa do singular: sou eu mesmo falando. Ou melhor, mudo. Mas dizendo muitas coisas por meio da tela.

Onze ou doze músicas, durante quarenta minutos, sem falar. E a tela mostrando o meu texto. Todos prestam MUITO mais atenção do que se eu estivesse falando o texto apresentado na tela. com música alta bombando.

Espero que goste. E, depois, que acesse o Youtube.

O mundo mudou... bem na minha vez!

SOMOS TODOS DO século passado...
Ou melhor, somos todos do milênio passado! Precisamos entender o que está acontecendo, antes que seja tarde.

TEMOS PARENTES ANTIQUADOS que ainda pregam: "faça concurso, siga a carreira militar"... Pessoas que não entendem que o mundo mudou e que vai mudar mais.

TEMOS PARENTES PRESOS a ideias como "um ano de carteira", "vou me encostar", "meus direitos", "Dr. Getúlio", "repartição"... Essa galáxia é antiga demais!

TEMOS PARENTES QUE consideram o trabalho um fardo. Eles devem ser reeducados por nós. Eles nos dão conselhos inúteis. E insistem nisso.

EU SONHO MUITO. Mas eu estudo muito e trabalho muito, há muito tempo. E sempre procuro me diferenciar: ser melhor do que a média. Apenas isso.

PROCURO SER MELHOR do que a média e venho sendo bem-sucedido. Depois dizem que é sorte. Quanto mais eu me esforço, mais sorte eu tenho.

O SEGREDO É buscar a diferenciação profissional. Isso também ocorre com as empresas, os produtos, os serviços e as marcas. Diferenciação é vital.

A CONCORRÊNCIA VAI aumentar e será cada vez maior a necessidade de diferenciação. Quem não entender isso e trabalhar duro ficará igual aos outros.

MUITOS VÃO REALIZAR seus sonhos. Muitos, não, ou seja, aqueles que ficarem na média do mercado (média de esforço e conhecimento). Isso é Darwin.

"EU NÃO SEI o que fazer", "Eu não tenho tanta garra assim", "Eu desisto facilmente", "Eu não gosto de ler" são pensamentos de pessoas medianas.

O mundo mudou... bem na minha vez!

"NADA ME INTERESSA de verdade", "Eu tenho pressa e tanta coisa me interessa, mas nada tanto assim", "Eu não consigo ser pontual" etc. Pessoas fracas.

INFELIZMENTE, PARA A maioria das pessoas, estudar e trabalhar são um saco. E temos pena de quem trabalha com raiva do que faz. Fuja dessa gente.

TENTE FAZER O que gosta para que trabalhar seja algo bom. Ou então passe a gostar do que faz. Ou goste de alguma coisa naquilo que faz. Você evoluirá.

JÁ TRABALHEI NUMA empresa onde o chefe era um crápula, a equipe era um nojo e o lugar, uma pocilga. Mas eu adorava o meu cliente. Ele me mantinha lá.

TEMPO É TUDO. Por isso, calma. Ter norte profissional, um assunto que lhe interessa e se capacitar e se esforçar para trabalhar nesse campo ajuda muito.

NÃO ESQUENTE DEMAIS a cabeça. Com uma meta profissional clara em mente e muito esforço, aumentam-se as chances de subir na vida.

TENHA UM NORTE profissional bem definido, mas não deixe de viver a juventude: por exemplo, aproveite para viajar de mochila enquanto não tiver filhos.

APROVEITE PARA FAZER bobagens enquanto não vira uma pessoa de meia-idade. O mundo é menos crítico em relação a loucuras feitas por jovens.

VIVA O SEU tempo e viva a sua geração. Jamais viva a geração dos outros. Quem não faz as coisas na idade certa, faz papel ridículo quando mais velho.

HÁ MAIS DE dois mil anos, o "conhece--te a ti mesmo", do Oráculo de Delfos, nos empurra para isso. Então, aproveite a juventude para se descobrir!

O mundo muda, a palestra muda
Parte 2

APROVEITE PARA EVOLUIR, para se conectar e para avançar. A fase madura é melhor para consolidar projetos e iniciativas que surgem quando jovem.

VOCÊ PODE ATÉ se arrepender de ter feito algo... Mas jamais de *não* ter feito algo. Não existe nada mais triste que pensar "e se eu tivesse feito tal coisa..."

ACOMPANHE O NOTICIÁRIO. Conheça bem a história do século XX e tenha uma opinião. Permita-se discordar – com conhecimento de causa, sempre.

NUNCA MAIS COMECE a trabalhar pela manhã *sem* o noticiário devidamente consumido, seja lido, ouvido etc. Ficar perdido nas discussões é lamentável.

ESTUDE O COMPORTAMENTO humano e aprenda a vender. Quem tem essa experiência cresce como pessoa, pois lidar com adversidades dá uma polida no ser.

PERMITA-SE SER VENDEDOR alguma vez na vida. Aprenda a lidar com clientes exigentes ou chatos. Aprenda a lidar com necessidades e desejos dos outros

---

SE VOCÊ É jovem, atenção! O mundo não começou quando você nasceu. Busque aconselhar-se com os mais experientes. E esteja sempre aberto ao novo.

O mundo mudou... bem na minha vez!

VOCÊ SERÁ MUITO mais exigido do que é hoje. Você nem imagina! Por isso, leia muito, sobre tudo. Capacite-se na área na qual está trabalhando.

―

AS PESSOAS QUE leem mais livros conhecem mais a alma humana. E tendem a amadurecer antes da média de sua idade.

―

FALTA DIÁLOGO NA maioria das empresas. Hoje, há muita imaturidade no ambiente de trabalho. Gente mimada e imatura de todas as idades... Seja maduro!

―

EM ALGUMAS EMPRESAS, a imaturidade das equipes é crítica. Parece que falta paciência e ninguém se entende.

―

O E-MAIL TROUXE uma crise geral de confiança, pois ninguém mais confia na palavra do outro. É tudo via e-mail, "para ficar registrado" – com cópia oculta.

―

EM MUITOS LOCAIS de trabalho, falta vontade nas pessoas. Também falta comprometimento. E existe uma crise generalizada de confiança. Isso vai mudar?

NA VIDA E no trabalho, a mudança vai aumentar, assim como a velocidade da mudança. E, provavelmente, não vamos dar conta de tantas mudanças.

DICA QUE APRENDI na vida: "se um problema tem solução, relaxe. Se um problema não tem solução, relaxe também." Logo, não decida de cabeça quente.

SOMOS DO MILÊNIO passado: não daremos conta de tantas mudanças. Portanto, relaxe. Só não fique com os dois pés pregados no século XX. Venha para o século XXI!

NA VIDA, É importante entender o que acontece à sua volta, pois, parece que, quando sabemos o que vai acontecer, tudo fica mais fácil.

O mundo mudou... bem na minha vez!

UM DOS SINAIS de maturidade é não se apavorar com os problemas da vida. Por isso é tão importante ser maduro e equilibrado emocionalmente.

———

NA VIDA, OS acontecimentos se repetem, em ciclos. Por isso é tão importante conhecer o que aconteceu no passado. Boas e más ações.

———

CONHECENDO O PASSADO, entendemos o presente e podemos antecipar o futuro.

———

O mundo muda, a palestra muda
Parte 3

DEVEMOS APROVEITAR QUALQUER tempo livre para nos informar. O quê? Você não tem tempo para isso? Deve estar brincando... Tempo é a gente que faz!

QUEM MAIS TEM coisas para fazer arranja mais tempo para fazer mais coisas. Tempo é a gente que faz!

É PRECISO ENTENDER como funciona a vida profissional. É preciso saber como ela evoluiu ao longo do tempo, para entender o mercado atual.

O MERCADO É um grande jogo de pôquer: há os amadores, há os profissionais... E há os "sem noção" (está aumentando o número desses "sem noção").

HÁ MUITA DISSIMULAÇÃO no mercado: os *"poker face"*. No século XX era mais disfarçado, mas, hoje, há mais caras-de--pau fazendo suas sacanagens às claras.

NA VIDA PROFISSIONAL, quanto mais o ambiente for de dissimulação, mais se destacam aqueles que trabalham ancorados em sólidas bases éticas.

AH, A ÉTICA, essa coitada, tão deixada de lado no Brasil... O futuro pertence aos éticos. Ética é o que se faz quando os outros não estão olhando.

O mundo mudou... bem na minha vez!

O FUTURO PERTENCE aos éticos e aos bem preparados. Afinal, quem disse que você vai trabalhar somente no Brasil? Procure atuar em âmbito global.

VAI ENCARAR A preparação para uma carreira global? Mas *"you will need a good and fluent English, you know?"* Não fazer uma *poker face* nessa hora.

A VIDA NO século XXI está rápida, atribulada e estressante. O ritmo aumentou e pegou muita gente (de qualquer idade) despreparada para acelerar. É uma pena!

GENTE ACESSANDO GENTE, pedindo coisas sempre "para ontem". Diga: "volte semana passada". Assim, confunde o pedinte ansioso. E surge mais tempo!

COM ESSA VIDA louca que o século XXI está nos impondo, cuidado para não ficar para trás, mesmo sendo "jovem". Já existe jovem ultrapassado!

CUIDADO: NEM TODO mundo pode ter seu pique mental... Cabe a você saber dosar o ritmo, porque ninguém gosta de conviver com "donos da verdade".

JAMAIS DEVEMOS NÃO nos anular, mas sim acharmos a dose certa para a melhor convivência com todos. Porque nós estamos cada vez mais interligados.

HOJE, TODOS NÓS estamos mais interligados, mas não significa que estamos mais próximos. Nosso cérebro está cheio. E, o coração, cada vez mais vazio.

ESTA FRASE NÃO é anti-tecnologia, mas pró-entendimento humano com cordialidade... "Chegou a hora de menos *high tech* e mais *high touch*." (John Naisbitt)

"HOJE SÓ PODE ser o melhor dia de nossas vidas: ontem já passou e amanhã ainda não chegou," antiga frase chinesa rica em conteúdo!

ESTÁ FALTANDO PROXIMIDADE, estão faltando gestos nobres entre as pessoas. Saltam aos olhos as pessoas cordiais e gentis – algo que deveria ser geral.

SERIA TÃO BOM se as pessoas que trabalham juntas se conhecessem melhor. Seria melhor ainda se elas pudessem dizer que se gostam cara a cara.

PRECISAMOS REAPRENDER A gostar uns dos outros. Precisamos reaprender a amar. Amar de verdade, de suar frio e gaguejar, porque isso faz parte da vida.

O mundo muda, a palestra muda
Parte 4

BONITO É PAUTAR sua vida em uma conduta ética e humana. Bonito é ajudar os mais necessitados. Bonito é não discriminar ninguém no local de trabalho.

BONITO É - se isso for de sua livre e espontânea vontade – formar uma família harmônica e feliz. Bonito é ter amigos de uma vida toda.

BONITO É CONSTRUIR uma bela carreira profissional. Bonito é deixar uma obra feita. Bonito é iniciar e concluir os trabalhos. Bonito é realizar – muito. E sempre.

BONITO É RESPEITAR qualquer pessoa pelo simples fato de ela ser um ser humano. "A arrogância é sinônimo da ignorância" (Anônimo).

BONITO É RIR de si mesmo. Bonito é virar clichê sem sentir vergonha. Feliz é aquele que ri de si mesmo. Feliz é aquele que não se acha clichê!

BONITO É CHORAR – de alegria ou de tristeza. Bonito é colocar uma lente positiva para olhar o mundo. A lente está em nossa cabeça. Basta programá-la.

RESPEITANDO TODAS AS crenças, acho que o nosso "destino-macro" deve ter sido definido por "algo superior". Mas nosso "destino-micro" cabe a nós mesmos.

O mundo mudou... bem na minha vez!

TEM GENTE QUE nasceu com "aquilo" virado pra lua. Mas a maioria de nós, mortais, vem ao mundo vivenciar o que Darwin definiu bem: sobrevivência. Cruel.

CABE A CADA um definir como será sua própria sobrevivência. Eu decidi *viver*, antes de, apenas, sobreviver. Porque sobrevivo quando vivo. O contrário, não.

SOU CURIOSO, SOU otimista, sou cético, sou crente na verdade humana, às vezes sou religioso, muitas vezes sou filosófico... Mas eu defino o meu destino.

SOU EU QUE defino meu destino: porque eu quero. Porque sim! E, por mais que eu ame minha família e meus amigos, meu destino sou eu que traço!

O DESTINO PESSOAL prega mais peças que o destino profissional. É mais fácil surpreender-se com a paixão que surgiu do nada do que com uma demissão.

PARA QUE O destino não pregue muitas peças, é preciso planejar a carreira. E muito se fala disso, mas pouco se fala de pilares do comprometimento.

MATURIDADE, EQUILÍBRIO, VONTADE, motivação, capacitação, coleguismo, coletivismo, bom humor e empatia, no meu ver, são os pilares do comprometimento.

E, HOJE? ONDE estão os verdadeiramente comprometidos? E aqueles que suam a camisa? Onde estão aqueles que seguram as pontas? São raros!

E OS APRENDIZES de feiticeiro, onde estão? Por que os novatos não perguntam quase mais nada? Por que não querem aprender com os mais vividos?

VOCÊ COMEÇA SUA vida profissional ao dizer "Não!" para aqueles familiares que querem projetar em você e no seu futuro alguma frustração pessoal. Fuja!

O mundo mudou... bem na minha vez!

VOCÊ PODE TER uma trajetória em linha reta ascendente ou também pode ser com altos e baixos (até mesmo em "espiral") — mas ela começa na faculdade.

———

ESCOLHA BEM SEU curso universitário e não hesite em trocá-lo: quem não podia fazer isso eram as Gerações X e *Baby Boomers*. Aproveite o fato de ser jovem hoje!

———

VOCÊ CONSTRÓI UMA carreira desde o primeiro dia de trabalho. Caindo, levantando, não importa: é preciso sempre aprender o que fazer com a experiência.

———

Viver e trabalhar

A PALESTRA "Viver e trabalhar" é nova. Seu título é uma homenagem ao livro homônimo do grande João Bosco Lodi, um dos maiores consultores e tutores que o Brasil já teve. Foi fazendo um curso com esse grande professor que ele, vendo que eu era um jovem que se expressava bem, me incentivou a ser palestrante!

Mas este capítulo procura abordar, com simplicidade, sobre a complexidade de se viver e trabalhar hoje em dia.

E também trata de leitura. o livro *Viver e trabalhar* marcou-me por uma análise que Lodi fez do que se *pode, deve* ou *quer ler*. Mas aquele livro foi escrito antes da internet e do smartphone...

Neste capítulo de meu livro, apenas cito o problema – ressalvando que, hoje, esse equilíbrio é ainda mais desafiador (e quase impossível).

O mundo mudou... bem na minha vez!

SE A MAIORIA de nós veio ao mundo apenas para sobreviver, trabalho passa a ser apenas necessidade e não fonte de realização e sustento.

ANTES DA REVOLUÇÃO Industrial, as pessoas tinham ofícios: ferreiro, sapateiro, padeiro etc. Há mais ou menos trezentos anos é que foi inventado o emprego.

A MIGRAÇÃO DE hordas de trabalhadores do campo para a cidade, foi uma das marcas da Revolução Industrial. A fome no campo foi decisiva para isso.

REVOLUÇÃO INDUSTRIAL: TRABALHAR em situação abaixo do aceitável, apenas por comida, fez surgir "escravos assalariados", uma espécie que existe até hoje.

ODIAR O TRABALHO, odiar o patrão e odiar o freguês (cliente) são comportamentos que vêm desde o início da Revolução Industrial. Mudará no futuro?

NÃO SÃO TODAS as pessoas que odeiam trabalhar: há uma parcela menor do todo que ama o que faz. Uns tiveram sorte, mas a maioria batalhou para isso.

MUITAS PESSOAS COMEÇAM a trabalhar em áreas com as quais não se identificam, mas isso tem a ver com necessidade: quem precisa, não escolhe, vai!

QUEM COMEÇA TRABALHANDO por necessidade, pode passar uma vida inteira sonhando em trabalhar em outra área, mas só vai para ela quem se capacita.

CAPACITAÇÃO TEM A ver com estudo, mas também tem muito a ver com força interior e coragem. Quem luta pelo sonho profissional, um dia pode chegar lá.

O TRABALHO PODE libertar, também pode deixar a pessoa realizada, mas, por influências atávicas, em muitos ainda está relacionado ao "castigo".

TRABALHAR PODE DAR sentido a vida. Trabalhar cura muitos dos piores males da alma. Trabalhar pode ser libertador. Mas também pode aprisionar.

QUEM SE SENTE preso a um trabalho só pode odiar seu ofício. Mas para toda pessoa há certamente o ofício certo, talhado e adequado a ela. Como achá-lo?

MUITOS TÊM CORAGEM de dizer NÃO para seus influenciadores (família ou grupos de referência): partem para ter como ofício algo que lhes satisfaçam.

QUEM TRABALHA NAQUILO que gosta tem mais chances de se realizar. Quem se realiza no que faz tem mais chances de ser feliz. Por que não tentar, então?

EXISTEM CURSOS GRATUITOS – presenciais ou a distância – para a maioria das profissões. Mesmo sem ter curso superior, um curso técnico conta muito.

PARA SE CAPACITAR em um ofício com o qual alguém se identifica, é preciso ler muito. Estudando, quase todos podem crescer na vida, atingir à sua realização.

———

EXISTE UMA GRANDE diferença entre o que se *quer* ler, o que se *pode* ler e o que se *deve* ler. O bom equilíbrio entre tudo é sempre o melhor caminho.

———

PARA REALIZAR BEM um ofício é preciso saber se relacionar com todos. A maturidade emocional é uma condição essencial para a realização profissional.

———

CONFIAR E SER confiável é a base para qualquer trabalho. Ao realizar qualquer ofício em uma atmosfera de confiança, aumentam-se as chances de realização.

———

CAPACITAÇÃO, ESTUDO, MATURIDADE emocional e atmosfera baseada em confiança são metas perfeitamente atingíveis para quem quiser viver e trabalhar *bem*.

———

Motivação

EM TODAS AS minhas palestras, faço questão de dizer que elas não são motivacionais, mas, sim, "desmotivacionais", procuro ser sincero.

Quem não está muito aberto a mudanças e nem pretende se esforçar muito para poder acompanhá-las, pode até não gostar de minhas palestras.

Num primeiro momento, é divertido – pois procuro tornar agradável a explicação do processo de mudança de nosso tempo. Mas, no dia seguinte, no café da manhã, quando há um instante de introspecção... Deve haver gente que me odeia nessa hora do dia!

Motivação não se ensina: no máximo, pode-se despertá-la. Motivação é algo individual, particular e exclusivo: cada pessoa reage diferentemente a um mesmo estímulo.

No caso da Motivação, de palestras ditas "motivacionais", a experiência pode até ser coletiva. Mas a reação é individual, interna.

Procuro ser verdadeiro o bastante para provocar reflexão, mas divertido o suficiente para que prestem atenção.

MINHAS PALESTRAS NÃO são "motivacionais": costumo apresentá-las como sendo "desmotivacionais" e procuro sempre "dar a real" e falar a verdade a todos.

EM PALESTRAS, NÃO acredito na eficácia de gritarias ou, por exemplo, quando todos são estimulados a darem as mãos para berrar algo, isso não motiva.

NÃO SE PODE confundir entretenimento com palestras, em que o objetivo principal é motivar alguém. Motivação não se consegue com palhaçadas e gritarias.

CONSCIENTIZAR PODE MOTIVAR. Quando alguém entende seu papel no mundo ou numa empresa, pode se motivar. Mas seguramente não será com gritos.

QUANDO ALGUÉM SABE o que deve fazer e, principalmente, por que deve fazê-lo, aumentam-se as chances de Motivação. Consciência!

TER CONSCIÊNCIA DA realidade pode motivar uma pessoa. Ter consciência é ter algum conhecimento sobre algo. Ter conhecimento leva à Motivação.

QUANDO UMA PESSOA está motivada é porque entendeu seu papel. Para que uma pessoa entenda seu papel, é preciso que outra pessoa lhe passe isso.

MOTIVAÇÃO É UM sentimento que o receptor tem: é uma mensagem que já está dentro dele e ela é apenas despertada pelo emissor. Algo que sensibiliza.

EXISTEM PESSOAS QUE conseguem se motivar sozinhas: elas são minoria e são muito especiais. A maioria se "motiva" apenas por pura necessidade.

QUEM PRECISA SE sustentar não tem escolha: precisa encontrar forças interiores que o(a) leve avante. É uma espécie de motivação.

EXISTEM PESSOAS QUE já estão com a vida ganha e, mesmo assim, estão sempre motivadas. Amam o que fazem! E são assim porque fazem o que amam.

"MOTIVAÇÃO POR TESÃO" é uma dádiva: são pessoas que encontram dentro de si a força para ir a frente, sem intervenções externas.

QUANDO SE CONSEGUE motivar alguém é porque a gente conseguiu sensibilizar essa pessoa: motiva-se alguém quando a pessoa é tocada. Deve-se descobrir como fazê-lo.

NA RAIZ DAS motivações humanas estão nossos comportamentos básicos: medo, raiva, alegria, tristeza, afeto. Saber como e quando ativá-los é ouro.

HÁ PESSOAS QUE nasceram com o dom de motivar os outros. Geralmente, essas pessoas são excelentes contadores de histórias. Motivar é despertar.

UM BOM CONTADOR de histórias pode ser um bom motivador porque saberá tocar seus interlocutores com os sentimentos mais relevantes.

PARA MOTIVAR É preciso conhecer quem receberá a mensagem. Bons motivadores geralmente são bons comunicadores. Para motivar, linguagem é tudo!

A BOA PALESTRA pode servir como um fator iniciador de um processo de motivação. Mas não se deve deixar esse papel somente para uma palestra.

UMA BOA PALESTRA é como riscar um fósforo: pode iniciar uma fogueira. Mas o oxigênio da motivação é a consciência. O segredo é ter conhecimento.

MODÉSTIA À PARTE, sou um bom comunicador. Como estudo comportamento humano, prezo por conhecimento. Meu slogan: *Motivação pelo Conhecimento*!

Etiqueta no trabalho

ETIQUETA, EM FRANCÊS (*"étiquette"*), significa "pequena ética".

Isso é algo que estava implícito, acertado, combinado e tácito no século passado. Na vida social e no trabalho. Hoje, nem tanto, nem sempre.

Mas isso ainda serve como fator diferenciador entre profissionais! Então, por que não cuidar dos detalhes dos relacionamentos? Por que não se ajustar às mínimas regras que organizam nossa vida social e, principalmente, profissional? E as palavrinhas mágicas?

Por favor, leia esse penúltimo minicapítulo, então.

QUASE SEMPRE, a primeira impressão que se tem de alguém é a que vale. Você nunca tem uma segunda chance para se apresentar bem pela primeira vez.

"ETIQUETA" VEM DO francês *"étiquette"*, que significa "pequena ética". E essas regrinhas básicas de convivência são cruciais no mercado de trabalho.

ATÉ A ADOLESCÊNCIA, consegue-se aprender ao natural os detalhes de etiqueta. Quando adulto, a pessoa tem muito mais dificuldade. É como aprender inglês!

QUEM FALA ALTO dentro de casa, fala alto no ambiente de trabalho, no elevador, no cinema e, principalmente, ao celular.

QUEM NÃO APRENDEU que os mais frágeis têm sempre preferência, não dá passagem a velho, a grávida e a criança. Ao entrar em sala de reunião, também vale.

O mundo mudou... bem na minha vez!

QUEM INTERROMPE SEU interlocutor quando criança e não é devidamente educado por seus responsáveis, interrompe a todos numa reunião.

QUEM NÃO RECEBE limites até a formação de sua personalidade, acaba sendo um profissional mimado que foge ao menor sinal de adversidade.

QUEM SE ESPREGUIÇA sem constrangimentos numa sala de aula, vai repetir esse gesto nas salas de reunião. A falta de educação atravessa o tempo.

QUEM SE IRRITA com facilidade no recreio da escola, vai se transformar naquele profissional (ou amador?) que explode com facilidade ao menor problema.

QUEM SE VESTE inadequadamente no período de escola ou faculdade, não notará quando estiver inadequado para o ambiente de trabalho.

VAI À FACULDADE de bermuda? Mesmo que coloque terno na entrevista de emprego, será lembrado pelo professor-entrevistador como "o cara da bermuda".

TEM MUITOS COLEGAS homens e vai trabalhar de saia curtíssima e umbigo de fora? E quer ser reconhecida pelo talento e pela competência? É difícil, né?

DECORO NÃO É sinônimo de conservadorismo. Decoro tem a ver com adequação. Quem não entende que a roupa transmite significados, não saberá trabalhar.

VESTIR-SE E COMPORTAR-SE adequadamente diferencia um profissional no mercado de trabalho. A atenção ao detalhe é ouro.

SABER USAR OS talheres, colocar pedaços pequenos de comida na boca, mastigar com ela fechada e não falar de boca cheia diferencia um profissional.

O mundo mudou... bem na minha vez!

SABER ESCREVER EM português corretamente também faz parte da etiqueta no trabalho. Como é triste ver alguém competente que escreve mal... É lamentável...

MANDAR E-MAILS COM letras maiúsculas é como se a pessoa estivesse gritando. Não soa educado. Idem para iniciar e/ou encerrar e-mail sem assinar ou saudar.

AS EXPRESSÕES MÁGICAS "com licença", "por favor", "obrigado", "até logo" e "bom dia, boa tarde, boa noite" fazem toda a diferença.

QUEM ACHA QUE etiqueta é coisa para almofadinhas e antiquados, não sabe que o mundo sempre trata melhor quem se comporta (e se veste) bem.

ETIQUETA (*"ETIQUETTE"*) É "pequena ética". "Pequena", um detalhe, pode passar despercebida pela maioria. Mas Deus está nos detalhes.

Pensamentos avulsos

ATÉ AQUI, ESTE pequeno livro foi dividido em minicapítulos... Mas o propósito foi, em cada pensamento, provocar uma reflexão – ou o ato de compartilhar!

Mas nos minicapítulos anteriores, a leitura em sequência provocava a formação de um raciocínio com início, meio e fim.

A partir daqui, vem uma chuva de pensamentos avulsos, mas que têm o mesmo propósito: servir.

- Servir como provocação.
- Servir como reflexão.

- Servir como identificação.
- Servir como multiplicação (compartilhar).
- Servir como diversão - ou como distração, até.

Boa leitura até o final!

Foi um deleite para mim produzi-los. Pois brotavam no dia a dia, principalmente a partir da leitura do Twitter.

Porque o importante é seguir pessoas que nos acrescentem e que nos permitam compartilhar boas ideias. Como, espero, eu possa servir com todos meus pensamentos.

O mundo mudou... bem na minha vez!

VOCÊ NÃO É uma marca. Você não é um produto. Você é uma pessoa. E deve procurar conquistar os outros como uma pessoa – e não como marca.

―――

VOCÊ NÃO DEVE "fazer Marketing": você deve ser bom. Achando que está "fazendo Marketing", você pode não estar sendo verdadeiro aos olhos dos outros.

―――

NO SÉCULO XX, os funcionários eram chamados assim porque tinham uma função. Hoje, são chamados de colaboradores porque só dão "uma mão".

―――

NOS FILMES MATRIX, eles (fazem "tibloft" – e mudam de plano de existência, para outra dimensão. Devemos fazer isso: "tibloft" do século XX para o século XXI.

―――

SISUDEZ NÃO É sinônimo de seriedade. Formalismo não é sinônimo de seriedade. Eu posso ser sério e não ser sisudo. Sério, mas informal e divertido.

―――

É NO TRÂNSITO que se mede a educação de uma sociedade. E é à mesa que se mede a educação de uma pessoa.

―――

O SOM DE um carro é tão mais alto quanto mais baixo for o condutor e o respectivo valor do veículo.

LEIA TODA A mensagem até o fim, sempre. Se for de cliente, leia duas vezes seguidas.

ESTÁ NO DNA nacional a vontade que o empregado tem que seu patrão se dê mal. Podem mudar os termos (colaborador e empresário) mas o DNA, não.

SE VOCÊ É iniciante na profissão, seja o primeiro a chegar no trabalho. Logo cedo sempre surgem assuntos que você já pode ir pegando para si.

NA MINHA MODESTA, e não científica opinião: no momento que derrubaram as paredes nas empresas, aumentou o distanciamento entre os departamentos.

UM NEGÓCIO SÓ muda se estiver perdendo dinheiro. Comerciantes dos aeroportos (disso eu entendo) têm fluxo garantido. Portanto, não mudarão.

O mundo mudou... bem na minha vez!

ENQUANTO ESTAGIÁRIO, O melhor é acumular o máximo de trabalho dos outros para, com erros e acertos, ir cavando o próprio espaço.

―

QUANDO SE TRABALHA com gente experiente, o ideal é procurar "sugar" tudo daqueles mais vividos – isso acelera a sua formação.

―

PODE-SE ESTAR MUITO cansado, mas isso não é sinônimo de stress. Pessoas com pouca coisa por fazer podem estar estressadas. Stress = preocupação.

―

SER ACIMA DA média. Só isso.

―

PARA OS JOVENS que pensam que TUDO gira somente em torno das Redes Sociais, sugiro "excursões ao centro da cidade".

―

NÃO ENCHA O seu cliente de informação: temos um limite máximo de absorção. Cubra-o de gentilezas. É pelo coração que se conquista.

―

O PROF. DR. Dado Schneider é pós-graduado em Marketing pela Universidade Federal do Rio Grande do Sul (UFRGS) e é mestre e doutor em Comunicação pela PUC-RS. Tem 35 anos de experiência em empresas como CLARO, DM9, RBS, MPM; 28 anos de experiência como professor em universidades como UFRGS, PUC-RS, Universidade Fernando Pessoa (Porto/Portugal), HSM Educação e ESPM. Criador da marca CLARO, atualmente é consultor de Comunicação e palestrante nacional.

CONTATO COM O AUTOR

WhatsApp: (51) 8144-4314
www.twitter.com/dado4314
www.facebook.com/dado4314

CONHEÇA AS NOSSAS MÍDIAS

www.twitter.com/integrare_bsnss
www.integrareeditora.com.br/blog
www.facebook.com/integrare

www.integrareeditora.com.br